Novena
ESPÍRITU SANTO
Por Neftalí Báez

© Calli Casa Editorial, 2012
© Yhacar Trust, 2021

Todos los derechos registrados. Prohibida la reproducción total o parcial de esta obra en todo su contenido: texto, dibujos, ideas e ilustraciones de portada, sin autorización por escrito.

www.solonovenas.com
#2500-349

UN POCO DE HISTORIA

Acompañando a Dios (El Padre) y a Jesucristo (El Hijo), el misterioso Espíritu Santo ya existía antes de que el tiempo y la creación comenzaran. Es común verlo representado como una paloma blanca. Se dice que El Espíritu Santo es una fuerza, una voluntad, un poder o algo como el amor o la sabiduría. También se dice que es una persona más que, así como Jesús, procede del Padre Dios pero que es, como su nombre lo indica, una criatura espiritual como los ángeles. El Hombre aún no se pone de acuerdo para definirlo y mientras que cada estudioso o teólogo intenta entenderlo, El Espíritu Santo sigue manifestándose de formas extrañas en la vida diaria: como un poder o como una criatura, o como una persona, quizá porque el Espíritu Santo es todo eso y más. Algo que así como le da a los santos la capacidad de sanar, aparecer y desaparecer, volar y obrar milagros, también puede dar al hombre común: conocimiento, fe, fortaleza, sabiduría, piedad, paz, etc. Quizá también haga otras cosas de las que aún las personas no son conscientes porque el Espíritu Santo esté tan adentro de ellas en todo lugar y momento.

UN MILAGRO DEL ESPÍRITU SANTO

Un día de diciembre de 1980, el cura Rogelio A., paseaba por el viñedo de un convento en Baja California, cuando de pronto se sintió atacado por varios golpes de calor que venían del cielo. Al levantar la vista, vio al sol engrandecido. Pensó que el infierno había invadido al cielo y ahora lo estaba calcinando. Apenas alcanzó a invocar el nombre santo de

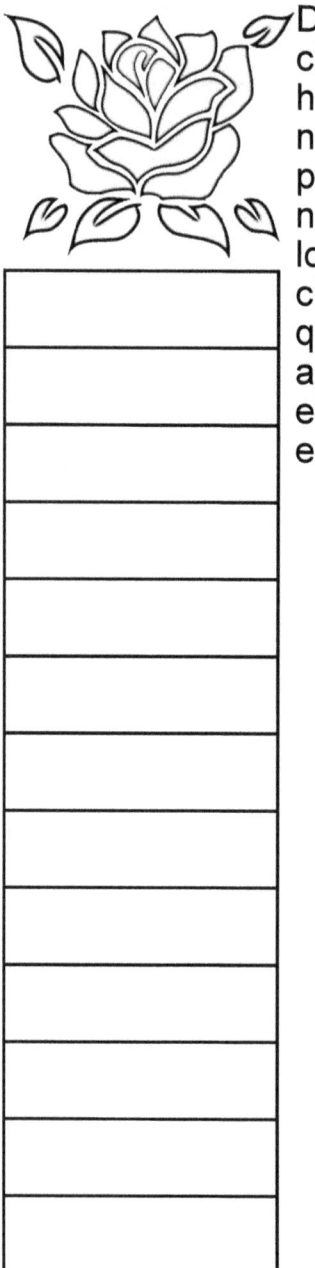

Dios cuando sintió que el cielo se nublaba. Trató de hallarle forma a esa gran nube que de pronto surgió para salvarlo. De entre la nube, vio una hermosa paloma blanca volando en el cielo. Rogelio comprendió quién le había salvado y agradeció al Espíritu Santo el haberse manifestado en esos momentos en su vida.

ORACIÓN DIARIA

Espíritu Santo, tercera persona de la Trinidad, por medio de ti, la Virgen nos trajo la Navidad. Dame entendimiento para superarme, para seguirme acercando a Dios, que nada logre desesperarme, quiero seguir con Jesús. Eres Verbo resplandeciente, ave salvadora, con tu fuerza omnipotente ilumíname ahora.

HAGA SU PETICIÓN

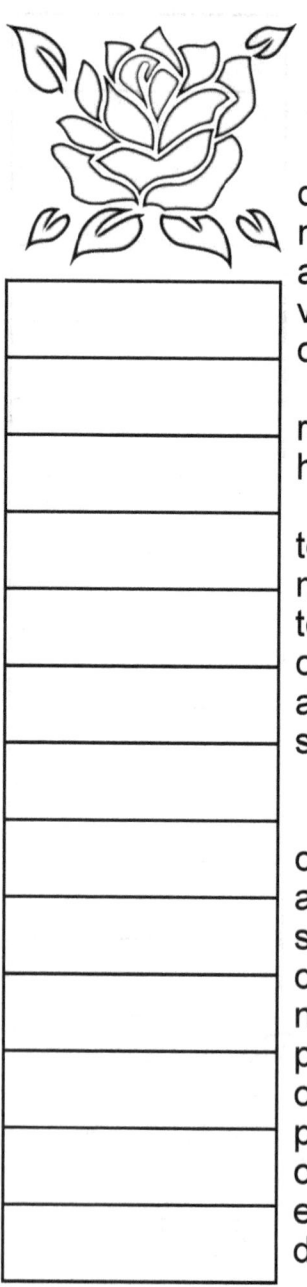

Aquí estoy hincado a tus pies. Con la luz de tus quinqués que no tienen comparación alumbra a este humilde feligrés que viene a hacerte esta petición.

Te ruego con todo mi corazón me concedas... (se hace la petición)

Esto es un asunto de interés te suplico tu atención me des. Concédeme lo que te pido en esta ocasión y con tu divina protección me ayudes, para que seas tú siempre mi salvación.

Padre Nuestro, que estás en el cielo, santificado sea tu nombre; venga a nosotros tu reino; hágase tu voluntad, en la tierra como en el cielo. Danos hoy nuestro pan de cada día; perdona nuestras ofensas, como también nosotros perdonamos a los que nos ofenden; no nos dejes caer en la tentación, y líbranos del mal. Amén.

Dios te salve, María, llena eres de gracia, el Señor es contigo. Bendita tú eres entre todas las mujeres, y bendito es el fruto de tu vientre: Jesús. Santa María, Madre de Dios, ruega por nosotros, pecadores, ahora y en la hora de nuestra muerte. Amén.

Gloria al Padre, al Hijo y al Espíritu Santo. Como era en el principio, ahora y siempre, por los siglos de los siglos. Amén.

PRIMER DÍA

Del primer al último día, ayudaste a Dios a construir la vida. Así, ven conmigo a reconstruir mi existencia, yo te bendigo, ya me traes la excelencia. Ahora, mañana y ayer, esta tu manto y tu gran poder. Donde quiera está tu presencia, yo me fortalezco en tu fe, también en tu divina conciencia, en todo tu ser. Bendito Espíritu Santo, tú que me libras del mal y de todo quebranto, déjame sentirte total, en tu amor sacrosanto.

Padre Nuestro, que estás en el cielo, santificado sea tu nombre; venga a nosotros tu reino; hágase tu voluntad, en la tierra como en el cielo. Danos hoy nuestro pan de cada día; perdona nuestras ofensas, como también nosotros perdonamos a los que nos ofenden; no nos dejes caer en la tentación, y líbranos del mal. Amén.

Dios te salve, María, llena eres de gracia, el Señor es contigo. Bendita tú eres entre todas las mujeres, y bendito es el fruto de tu vientre: Jesús. Santa María, Madre de Dios, ruega por nosotros, pecadores, ahora y en la hora de nuestra muerte. Amén.

Gloria al Padre, al Hijo y al Espíritu Santo. Como era en el principio, ahora y siempre, por los siglos de los siglos. Amén.

SEGUNDO DÍA

Espíritu Santo, ante tu compañía, mi fe te levanto. Ayúdame a entender la vida, a ya no sufrir tanto. Despierta mi conciencia adormecida, hoy que yo te canto. Espíritu inmaculado, claridad de voluntades, tanto nos has amado, líbranos de oscuridades. Convertiste una figura de barro en el primer hombre: nuestro abuelo Adán. Hoy invoco tu santo nombre y tus poderes todo me lo dan.

Padre Nuestro, que estás en el cielo, santificado sea tu nombre; venga a nosotros tu reino; hágase tu voluntad, en la tierra como en el cielo. Danos hoy nuestro pan de cada día; perdona nuestras ofensas, como también nosotros perdonamos a los que nos ofenden; no nos dejes caer en la tentación, y líbranos del mal. Amén.

Dios te salve, María, llena eres de gracia, el Señor es contigo. Bendita tú eres entre todas las mujeres, y bendito es el fruto de tu vientre: Jesús. Santa María, Madre de Dios, ruega por nosotros, pecadores, ahora y en la hora de nuestra muerte. Amén.

Gloria al Padre, al Hijo y al Espíritu Santo. Como era en el principio, ahora y siempre, por los siglos de los siglos. Amén.

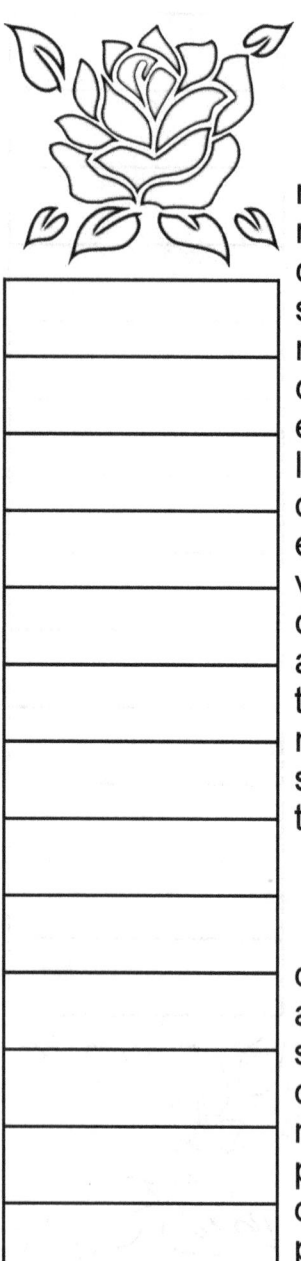

TERCER DÍA

Señor y dador de vida tú eres, andas entre nosotros, todo el tiempo te mueves. Espíritu divino, así como hiciste que el agua se convirtiera en vino, hazme ayudar a la gente así como Jesús intervino. Eres el dedo de Dios obrando en la naturaleza, por eso este día, orando, mi vida ya se endereza. Tu influencia nos vuelve puros e inteligentes, con solvencia salimos de apuros, nos haces diligentes. Danos pureza de ánimo, danos frescura, para seguir el camino y estar en tu lucha.

Padre Nuestro, que estás en el cielo, santificado sea tu nombre; venga a nosotros tu reino; hágase tu voluntad, en la tierra como en el cielo. Danos hoy nuestro pan de cada día; perdona nuestras ofensas, como también nosotros perdonamos a los que nos ofenden; no nos dejes caer en la tentación, y líbranos del mal. Amén.

Dios te salve, María, llena eres de gracia, el Señor es contigo. Bendita tú eres entre todas las mujeres, y bendito es el fruto de tu vientre: Jesús. Santa María, Madre de Dios, ruega por nosotros, pecadores, ahora y en la hora de nuestra muerte. Amén.

Gloria al Padre, al Hijo y al Espíritu Santo. Como era en el principio, ahora y siempre, por los siglos de los siglos. Amén.

CUARTO DÍA

Espíritu Santo, me doy cuenta que me das libertad de la mente, a mí me toca ejercerla, atreverme. Este cuarto día me comprometo a imaginar: cómo mi nueva vida yo puedo, desde ya, comenzar. Nada puede evitar que tú vengas a mí, entras como viento, como lluvia bajas hasta aquí, me abrazas todo el tiempo. Pero ahora siento que tocas a mi puerta: a mi cabeza; eres como un sueño para el cuerpo, pero despiertas la conciencia. Yo hace años que nací, ya sabes cómo me fui criando; hoy por ti ya no estoy llorando, Santísimo Espíritu, hoy renací.

Padre Nuestro, que estás en el cielo, santificado sea tu nombre; venga a nosotros tu reino; hágase tu voluntad, en la tierra como en el cielo. Danos hoy nuestro pan de cada día;

perdona nuestras ofensas, como también nosotros perdonamos a los que nos ofenden; no nos dejes caer en la tentación, y líbranos del mal. Amén.

Dios te salve, María, llena eres de gracia, el Señor es contigo. Bendita tú eres entre todas las mujeres, y bendito es el fruto de tu vientre: Jesús. Santa María, Madre de Dios, ruega por nosotros, pecadores, ahora y en la hora de nuestra muerte. Amén.

Gloria al Padre, al Hijo y al Espíritu Santo. Como era en el principio, ahora y siempre, por los siglos de los siglos. Amén.

QUINTO DÍA

Espíritu guía de los reyes, alma que libera pueblos, desde hace muchos ayeres me vienes trayendo consuelos. Espíritu de Dios: me pongo a tus pies, pero me subes a tus hombros y veo lo que pasa después: días de triunfos y muchos asombros. Te ofrezco mis oraciones, mi desnuda devoción, pero también te ofrezco mis acciones para tu gran Verbo en acción. Te mueves por el aire, también bajo la piel, estas en mi sangre, haces que todo esté bien.

Padre Nuestro, que estás en el cielo, santificado sea tu nombre; venga a nosotros tu reino; hágase tu voluntad, en la tierra como en el cielo. Danos hoy nuestro pan de cada día; perdona nuestras ofensas, como también nosotros perdonamos a los que nos ofenden; no nos dejes caer en la tentación, y líbranos del mal. Amén.

Dios te salve, María, llena eres de gracia, el Señor es contigo. Bendita tú eres entre todas las mujeres, y bendito es el fruto de tu vientre: Jesús. Santa María, Madre de Dios, ruega por nosotros, pecadores, ahora y en la hora de nuestra muerte. Amén.

Gloria al Padre, al Hijo y al Espíritu Santo. Como era en el principio, ahora y siempre, por los siglos de los siglos. Amén.

SEXTO DÍA

Santo eres, Espíritu bendito, que igual traes profecías -o el secreto más recóndito- a nuestros días. Tú me procuras, me arropas y me despejas; a todas horas me llevas por las alturas, ya oigo cómo me aconsejas. Estabas en mí, mucho antes de nacer, también en mi madre y mis parientes de ayer. Mi corazón ya arde, tus poderes están presentes, nunca llegas tarde, siempre abres nuestras mentes. Voy creciendo mucho en ti, planto almas en mi pecho, todas ellas vinieron a mí, por tu gracia santa y para mi buen provecho.

Padre Nuestro, que estás en el cielo, santificado sea tu nombre; venga a nosotros tu reino; hágase tu voluntad, en la tierra como en el cielo. Danos hoy nuestro pan de cada día; perdona nuestras ofensas, como también nosotros perdonamos a los que nos ofenden; no nos dejes caer en la tentación, y líbranos del mal. Amén.

Dios te salve, María, llena eres de gracia, el Señor es contigo. Bendita tú eres entre todas las mujeres, y bendito es el fruto de tu vientre: Jesús. Santa María, Madre de Dios, ruega por nosotros, pecadores, ahora y en la hora de nuestra muerte. Amén.

Gloria al Padre, al Hijo y al Espíritu Santo. Como era en el principio, ahora y siempre, por los siglos de los siglos. Amén.

SÉPTIMO DÍA

Espíritu Santo, en quien todo fue hecho, al paraíso danos hoy nuestro derecho. Concebiste a Jesús en el vientre de María, así como me traes ideas de superación siempre, cada día. A los profetas y a los artistas, tú los inspiras; los haces poetas, del futuro ellos nos cuidan. Ven a mí con la música de los tactos, con el don del viento; pues tenemos quehaceres santos, milagros en silencio. Tercera parte de La Trinidad, Espíritu Santo, llévame con El Padre, dame tu Santidad.

Padre Nuestro, que estás en el cielo, santificado sea tu nombre; venga a nosotros tu reino; hágase tu voluntad, en la tierra como en el cielo. Danos hoy nuestro pan de cada día; perdona nuestras ofensas, como también nosotros perdonamos a los que nos ofenden; no nos dejes caer en la tentación, y líbranos del mal. Amén.

Dios te salve, María, llena eres de gracia, el Señor es contigo. Bendita tú eres entre todas las mujeres, y bendito es el fruto de tu vientre: Jesús. Santa María, Madre de Dios, ruega por nosotros, pecadores, ahora y en la hora de nuestra muerte. Amén.

Gloria al Padre, al Hijo y al Espíritu Santo. Como era en el principio, ahora y siempre, por los siglos de los siglos. Amén.

OCTAVO DÍA

Gran Espíritu de Verdad: aterrizas en nosotros tus dones, tú pasión bajas con la gravedad, llevamos tus perdones. Espíritu: hidrátame de tu pensamiento, disuélvete en el agua del bautismo, que tu palabra ya la siento, y mi alma rimando con Dios mismo. En ti fundo mi nombre, como los demás me han de llamar; tu voz está por todo el orbe, siempre me vas a amar.

Padre Nuestro, que estás en el cielo, santificado sea tu nombre; venga a nosotros tu reino; hágase tu voluntad, en la tierra como en el cielo. Danos hoy nuestro pan de cada día; perdona nuestras ofensas, como también nosotros perdonamos a los que nos ofenden; no nos dejes caer en la tentación, y líbranos del mal. Amén.

Dios te salve, María, llena eres de gracia, el Señor es contigo. Bendita tú eres entre todas las mujeres, y bendito es el fruto de tu vientre: Jesús. Santa María, Madre de Dios, ruega por nosotros, pecadores, ahora y en la hora de nuestra muerte. Amén.

Gloria al Padre, al Hijo y al Espíritu Santo. Como era en el principio, ahora y siempre, por los siglos de los siglos. Amén.

NOVENO DÍA

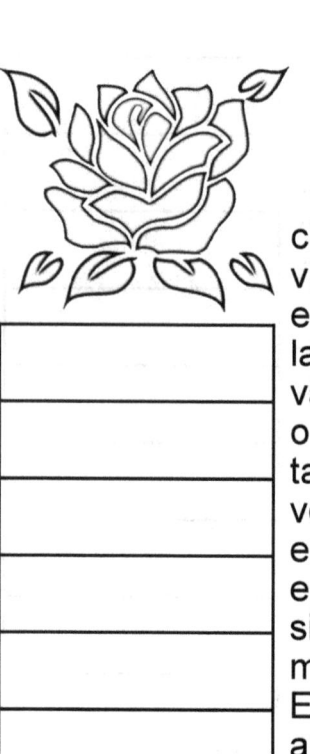

Santísimo Espíritu de Dios, tu transfiguración es: nubes, agua, aves, viento y mucho más. Me enseñas, dictas mi mente, la abres, entras y nunca te vas. Te derramas en el cielo o en aureola resplandeces también, en el arbusto tu voz es fuego y ardes como estrella de Belén. Dame entendimiento ante esta situación, tú que eres alimento y santa iluminación. En tu voluntad y en tu alto amor, actuaré con verdad y sin ningún temor.

Padre Nuestro, que estás en el cielo, santificado sea tu nombre; venga a nosotros tu reino; hágase tu voluntad, en la tierra como en el cielo. Danos hoy nuestro pan de cada día; perdona nuestras ofensas, como también nosotros perdonamos a los que nos ofenden; no nos dejes caer en la tentación, y líbranos del mal. Amén.

Dios te salve, María, llena eres de gracia, el Señor es contigo. Bendita tú eres entre todas las mujeres, y bendito es el fruto de tu vientre: Jesús. Santa María, Madre de Dios, ruega por nosotros, pecadores, ahora y en la hora de nuestra muerte. Amén.

Gloria al Padre, al Hijo y al Espíritu Santo. Como era en el principio, ahora y siempre, por los siglos de los siglos. Amén.

ORACIÓN FINAL

Espíritu Santo, por ti he llegado a tanto, en mi cabeza reluce el Evangelio, soy parte de tu gran plan y me alegro por ello. Traza todos mis andares, apadrina cada uno de mis pasos, revélame caminos singulares y haz mis pensamientos muy descalzos. Cada año traes la natividad: presencia de Dios, omnipresente felicidad. Cántame ideas, soluciones no nada más a mis problemas, porque no hay dificultades que me sean ajenas. Toma de mi frente toda mi razón, ponla en comunión con mi corazón, Espíritu Santo: Respiración de Dios, para que sean del ti otra mente y otra voz.

Padre Nuestro, que estás en el cielo, santificado sea tu nombre; venga a nosotros tu reino; hágase tu voluntad, en la tierra como en el cielo. Danos hoy nuestro pan de cada día; perdona nuestras ofensas, como también nosotros perdonamos a los que nos ofenden; no nos dejes caer en la tentación, y líbranos del mal. Amén.

Dios te salve, María, llena eres de gracia, el Señor es contigo. Bendita tú eres entre todas las mujeres, y bendito es el fruto de tu vientre: Jesús. Santa María, Madre de Dios, ruega por nosotros, pecadores, ahora y en la hora de nuestra muerte. Amén.

Gloria al Padre, al Hijo y al Espíritu Santo. Como era en el principio, ahora y siempre, por los siglos de los siglos. Amén.

Papá Dios: que tu sabiduría nos guíe; que tu luz ilumine nuestro camino; que tu amor nos de paz; que tu poder nos proteja, y que por donde quiera que caminemos, tu presencia nos acompañe. Gracias Papá Dios que ya nos oíste. Amén.

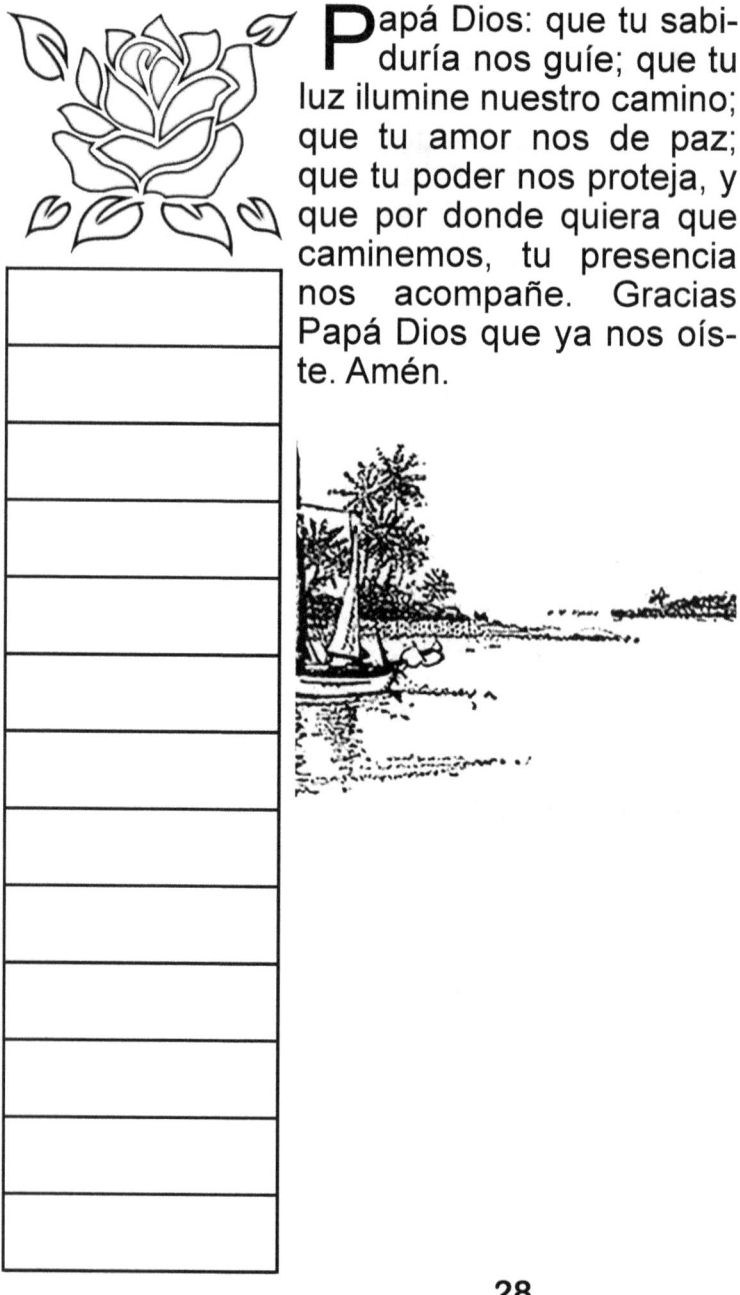

www.ingramcontent.com/pod-product-compliance
Lightning Source LLC
Chambersburg PA
CBHW070634150426
42811CB00050B/295